City
NIVEA
TOTALER KOMMERZ
96

HÄRRINGERS SPOTTSCHAU

HÄRRINGERS SPOTTSCHAU

DAS BESTE AUS DEM  JAHR 2016

stiebner

Umschlaggestaltung und alle Illustrationen Innenteil:
Christoph Härringer, www.spottschau.com

www.facebook.com/spottschau

Bibliografische Information der Deutschen Nationalbibliothek
Die Deutsche Nationalbibliothek verzeichnet diese Publikation in der Deutschen Nationalbibliografie;
detaillierte bibliografische Daten sind im Internet über http://dnb.dnb.de abrufbar.

1. Auflage 2016

Gesamtherstellung: Stiebner, Grünwald
Printed in Hungary

ISBN 978-3-8307-1700-3

www.stiebner.com

HÄRRINGERS SPOTTSCHAU

DIE GROSSE SALAT-SCHÜSSEL?
HIIIER!
2015/16
2014/15
2013/14
2012/13

Die Saison 2015/16 ist eröffnet, und Bayerns vierte Meisterschale in Folge wäre neuer Bundesligarekord.

HÄRRINGERS SPOTTSCHAU

EIN UNMORALISCHES ANGEBOT
HIHI...
DIESES FLITTCHEN!
ZUM GLÜCK HAT MEINE MIR DIE TREUE GESCHWOREN.
MAN UTD.
MAN CITY

Thomas Müller, den sein Ex-Trainer Louis van Gaal unbedingt nach Manchester holen möchte, verlängert schließlich bei den Bayern, während Wolfsburgs Kevin De Bruyne in die Scheich-Karosse steigt.

HÄRRINGERs SPOTTSCHAU

Die ungleiche Verteilung der TV-Gelder – der Letzte der Premier League erhielt in der Vorsaison über 36 Millionen Euro mehr als der FC Bayern – ermöglicht es den englischen Klubs, ungeniert in der Bundesliga zu wildern.

HÄRRINGERS SPOTTSCHAU

Der Geldsegen aus der Premier League wirbelt auch die Bundesliga kräftig durcheinander.

HÄRRINGERs SPOTTSCHAU

Horror-Start: Nach sechs Pflichtspielniederlagen in Folge tritt Lucien Favre
bei Champions-League-Teilnehmer Mönchengladbach zurück.

HÄRRINGERS SPOTTSCHAU

5 TORE IN 9 MINUTEN.
DER SPINNT, DER LEWANDOWSKI!
DIE REISE HÄTTEN WIR UNS SPAREN KÖNNEN.
DIE DAVOR AUCH.
UND DIE DAVOR.
UND NÄCHSTE WOCHE GEHT´S NACH MANCHESTER. HURRA.
DIE JUNGS HABEN JA RECHT:
AM SCHÖNSTEN IST ES IMMER NOCH...
...ZU HAUSE!

Der VfL Wolfsburg kassiert von Bayern-Stürmer Robert Lewandowski fünf Gegentore in neun Minuten; Mutterkonzern VW wird von einem Abgas-Manipulationsskandal ungekannten Ausmaßes erschüttert.

HÄRRINGERS SPOTTSCHAU

SENSATIONELL: PIERRE-EMERICK AUBAMEYANG HAT IN JEDEM DER ERSTEN SIEBEN SAISONSPIELE MINDESTENS EINEN TREFFER ERZIELT!
TJA, LEUTE...
SO WAS NENNT MAN EINEN LAUF!

Die Galavorstellung bringt Robert Lewandowski gleich vier Einträge ins Guinness Buch der Rekorde: schnellster Hattrick, Vierer- und Fünferpack sowie fünf Tore nach Einwechslung.

DIE LETZTEN BLATTER
FIFA

Die FIFA-Ethikkommission sperrt den FIFA- und den UEFA-Präsidenten wegen einer dubiosen Millionenzahlung Sepp Blatters an Michel Platini, die nirgends in den Büchern auftaucht.

HÄRRINGERS SPOTTSCHAU

WAS LOS IST???
MANN, DIE REDS HABEN JÜRGEN KLOPP GEHOLT!
DEN LEGENDÄREN KLOPPO!!!
LASS MAL, WOHER SOLLEN DIE OPIS WISSEN, WAS 'NE LEGENDE IST?!
LIVERPOOL 11
JÜRGEN
LFC
YOU'LL NEVER

Kloppomania in Liverpool: Nach der Verpflichtung des Ex-Dortmunders steht die Merseyside Kopf (und nach Dutzenden Mails, Tweets und Leserbriefen weiß der Zeichner jetzt auch, dass Paul McCartney Linkshänder ist).

HÄRRINGERS SPOTTSCHAU
SO EINE FRECHHEIT, ZU BEHAUPTEN, MEINE ERSTE TRAINERSTELLE SEI FÜR MICH...
...NUR EIN SPRUNGBRETT!
SC PADERBORN 07 e.V.
BUNDESLIGA

Stefan Effenbergs Versuch, sich in der ostwestfälischen Provinz für Höheres zu empfehlen, endet mit seiner Entlassung und Paderborns Sprung in Liga Drei.

HÄRRINGERS SPOTTSCHAU

Trotz einer ziemlich makellosen Bilanz muss Gladbachs Interimstrainer André Schubert lange auf die offizielle Beförderung warten (letztlich erhört Manager Max Eberl die Fans und Experten aber doch).

HÄRRINGERS SPOTTSCHAU

Die Mär vom sauberen Sommermärchen 2006: Laut SPIEGEL überwies das damalige WM-Bewerbungskomitee um Franz Beckenbauer 6,7 Millionen Euro an die FIFA für ein Kulturprogramm, das niemals stattfand. Das Geld soll an den früheren Adidas-Chef Robert Louis-Dreyfus weitergeleitet worden sein, der damit eine schwarze Kasse zum WM-Stimmenkauf gefüllt habe.

HÄRRINGERs SPOTTSCHAU

Im Tagesrhythmus folgen neue Horrormeldungen: Unter anderem belastet der damalige OK-Vize Theo Zwanziger seinen einstigen Mitstreiter Wolfgang Niersbach, der von nichts gewusst haben will.

HÄRRINGERS SPOTTSCHAU

Der Sturm tobt weiter: Nach Sepp Blatter und Michel Platini muss auch DFB-Präsident Wolfgang Niersbach im Zuge des WM-Korruptionsskandals die Kommandobrücke räumen.

HÄRRINGERS SPOTTSCHAU

YOU´LL NEVER WALK ALONE

Der Terror entdeckt den Fußball: Nach dem Anschlag vor dem Stadion in Saint-Denis und dem Massaker in Paris wird ein Länderspiel in Hannover wegen einer Bombendrohung abgesagt. Am nächsten Spieltag gehen viele Fans mit gemischten Gefühlen in die Stadien.

HÄRRINGERs SPOTTSCHAU

STOTTER!
SPOTZ!
WAS DIE KÖNNEN, KÖNNEN WIR SCHON LANGE!
KRAMNY, ÜBERNEHMEN SIE!
?!

Nach Gladbacher Vorbild löst auch in Stuttgart Copilot Jürgen Kramny den erfolglosen Chef Alexander Zorniger ab (und startet zunächst durch, schmiert aber am Saisonende böse ab).

HÄRRINGERS SPOTTSCHAU

Erneut werden auf Antrag der US-Justiz FIFA-Funktionäre in einer Nacht-und-Nebel-Aktion in einem Zürcher Luxushotel verhaftet, der Vorwurf lautet unter anderem auf Geldwäsche und Betrug.

HÄRRINGERS SPOTTSCHAU
ERGEBT EUCH, ELENDE REBELLEN!
WIR KRIEGEN EUCH SOWIESO!
NIEMAAAALS!!!
FIFA
UEFA
PREMIER LEAGUE
SKY
TOTALER KOMMERZ
SAP
Red Bull
TRADITION
KIND
DIE DUNKLE SEITE DES SPORTS

Kurz vor Weihnachten kommt die lange erwartete Episode VII der Star-Wars-Saga in die Kinos.

HÄRRINGERS SPOTTSCHAU

HALLO OPA, ICH KANN HEILIGABEND NICHT KOMMEN, STEH IN NEW YORK UNTER HAUSARREST. MERRY CHRISTMAS, JEFFREY WEBB
HOLA ABUELITO, MUSS LEIDER PASSEN, DIESE VERRÄTER WOLLEN MICH AUSLIEFERN. FELIZ NAVIDAD, NICOLÁS LEOZ
HI SEPP, ICH KANN NICHT FLIEGEN, SONST GREIFEN MICH DIE AMIS AB (KENNST DU JA). UN ABRAZO, JACK WARNER
SALUT SEPP, ICH SCHAFF ES NICHT, MUSS IN NYON NOCH JEDE MENGE AKTEN SCHREDDERN. JOYEUX NOEL, MICHEL
JA, IS DENN HEUT SCHO WEIHNACHTEN? PFÜATI, DEIN FRANZ
FIFA

Sepp Blatter wird für acht Jahre gesperrt und macht bei einer Pressekonferenz einen ungepflegten und verwirrten Eindruck; ein Werbespot, in dem ein alter Mann an Heiligabend alleine am Tisch sitzt, rührt Millionen.

HÄRRINGERS SPOTTSCHAU

BÜHNE FREI FÜR 2016 !!!
WIR FREUEN UNS AUF...
CIAO! WASSERLAUBE STRONZO!
NOOO! "WAS ERLAUBE STRUUUNZ!"
MEHR DEMOKRATIE!
(AUSSER IN BAHRAIN NATÜRLICH)
RED BULL
POLICE
...DEN SYMPATHISCHSTEN GRIESGRAM DER LIGA
...DEN NÄCHSTEN ITALIENISCHEN GENTLEMAN-TRAINER
...DEN NÄCHSTEN FIFA-PRÄSIDENTEN
...PROFESSOR RANGNICKS JÜNGSTES RETORTENBABY
...UND EINE ENTSPANNTE EUROPA-MEISTERSCHAFT!

Der ehrenwerte Scheich Salman bin Ebrahim Al Khalifa (Bildmitte) gilt – trotz immer wieder erhobener Folter-Vorwürfe – zum Jahreswechsel als großer Favorit auf den FIFA-Präsidentenposten.

HÄRRINGERS SPOTTSCHAU

DIE BAYERN IN KATAR
SKLAVEN? HAB ICH NOCH NIE GESEHEN!
KORRUPTION? WAS IST DAS DENN?
WARUM WIR HIER SIND?
NA, WEIL DAS WETTER SO TOLL IST.
UND DER RASEN ABSOLUT TOPFEBEN.
WAS IST SCHLIMMER? GESPIELTE NAIVITÄT ODER VORSÄTZLICHE DESINFORMATION?
SCHEINHEILIGKEIT.
WIE KONNTEN DIE BAYERN BLOSS NACH KATAR GEHEN?
IN SO EIN FURCHTBARES LAND WÜRDEN WIR JA NIIIIIE EINEN FUSS SETZEN!
DUBAI
ABU DHABI

Trotz der Kritik von Politikern und Menschenrechtsverbänden halten einige Bundesligisten ihr Wintertrainingslager in autoritären Golfstaaten ab (und finden die Lage in ihrem jeweiligen Land in Ordnung).

HÄRRINGERS SPOTTSCHAU

TITANENKÄMPFE, WOCHE FÜR WOCHE! HIER IST SIE: KALLES INTERGALAKTISCHE
SUPERLIGA!
JUVE
HAMBURG
HOFFENHEIM
LEVERKUSEN
BOCHUM
AUGSBURG
DARMSTADT
AAAAAAH!
HINFORT, IHR STERBLICHEN WICHTE!
ICH BRAUCHE GEGNER, KEINE OPFER!
BLEIBT IN EURER EIGENEN LIGA!!!
ICH WEISS NICHT, WAS ER HAT, ICH HAB' NUR UNSERE NÄCHSTEN SPIELE AUFGEZÄHLT...

Alle Jahre wieder (zumeist im Vorfeld von liga-internen Umverteilungsdebatten) bringt Bayern-Boss Karl-Heinz Rummenigge seine Vision einer europäischen Superliga aufs Tapet.

HÄRRINGERS SPOTTSCHAU

WAS IST DENN MIT DEM RIBÉRY LOS?
DER HAT EINEN PROZESS VERLOREN.
ER DARF JETZT UNGESTRAFT "ÜBLER KERL", "GANGSTER" UND "ABSCHAUM" GENANNT WERDEN.
NA SO WAS. DABEI IST ER DOCH SO EIN NETTER KERL.
DAS PROBLEM IST DAS **UMFELD.** DA HATTE ER NIE EINE CHANCE.
MEINST DU?
GUT, DU BIST WEGEN UHRENSCHMUGGELS VORBESTRAFT UND DER FRANZ HAT DIE WM GEKAUFT.
ABER DER ULI KOMMT JA BALD WEGEN GUTER FÜHRUNG RAUS, UND ICH BIN EIGENTLICH NICHT BESONDERS KRIMINELL...
ICH MEINTE BENZEMA UND ANELKA.
ICH HAB' DA EIN PAAR FOTOS VON DER LETZTEN WEIHNACHTSFEIER, DIE WÜRDEN EUREN FRAUEN GAAAR NICHT GEFALLEN...

Während ein Richter entscheidet, dass die Beleidigungen des Journalisten Daniel Riolo »objektiv« seien,
fliegt Franck Ribérys Spezi Karim Benzema wegen eines Sex-Erpressungsversuches aus der französischen Nationalmannschaft.

HÄRRINGERS SPOTTSCHAU

MANEGE FREI FÜR DIE RÜCKRUNDE IM BUNDESLIGA-ZIRKUS!
ERLEBEN SIE LIVE, WIE 18 TODESMUTIGE HOCHSEILARTISTEN ALLES RISKIEREN, UM DIE LEGENDÄRE SILBERSCHALE ZU ERRINGEN!
NA JA, GANZ NETT..
...ABER IRGENDWIE FEHLT MIR DIE SPANNUNG.

Zum Start der Rückrunde ist die Meisterschaft – wie in den Vorjahren – längst entschieden.

HÄRRINGERS SPOTTSCHAU

WAS IST LOS, JUNGS?
ACH, ZU HAUSE TOBT DER KARNEVAL, UND WIR HÄNGEN HIER IN HAMBURG RUM.
DIE KÖNNEN JA NICHT MAL RICHTIG FEIERN.
NA JA, FEIERN IST VIELLEICHT ZU VIEL GESAGT...
ABER ANSONSTEN SIND DIE MINDESTENS SO JECK WIR WIR!
HUMMEL, HUMMEL.
RUCKSACK-AFFÄRE
SPAHIC PUSSY-AFFÄRE
HERTHA-SHIRT-PANNE
KOPFSTOß ILICEVIC!
HSV HANDBALL
2015/16
SCHUH-ZOFF
GEPLATZTER SANOGO-WECHSEL
90 MIO € SCHULDEN

Der Hamburger SV liefert auch diesmal eine astreine Pleiten-, Pech- und Pannensaison ab, schafft es aber immerhin, sich von den Abstiegsrängen fernzuhalten.

HÄRRINGERS SPOTTSCHAU

MEIN LEBENSWERK!!!
FEG DAS HIER ZUSAMMEN, UND DANN SCHWAMM DRÜBER.

Der 28-jährige Julian Nagelsmann übernimmt bei den abgeschlagenen Hoffenheimern für den herzkranken Huub Stevens (und schafft gegen alle Erwartungen den Klassenerhalt). Dies ist Hannover nicht vergönnt – allein Thomas Schaaf verliert zehn seiner elf Spiele.

HÄRRINGERS SPOTTSCHAU

WIE KOMMEN DIE BLOSS DRAUF, DASS WIR DAS SPIEL HERSCHENKEN?
FC BAYERN GEGEN
SV DARMSTADT 98
(5 REIN ZUFÄLLIG GELBGESPERRTE STAMMSPIELER)

Eine Woche vor dem Spiel in München sehen gleich fünf Darmstädter gelb, sitzen ihre Sperre gegen die ohnehin unbesiegbaren Bayern ab und sind beim wichtigen Abstiegsduell in Bremen (2:2) wieder an Bord.

HÄRRINGERS SPOTTSCHAU

ALLES WIRD GUT: DIE FIFA-FAMILIE REFORMIERT SICH!

Bei der FIFA-Präsidentenwahl setzt sich der Schweizer Gianni Infantino überraschend gegen Scheich Salman durch (die vollmundig angekündigten Reformen werden bereits in den darauffolgenden Monaten verwässert oder ganz einkassiert).

AUF TUCHELFÜHLUNG

Doch noch ein Hauch von Spannung: Ein Sieg gegen die Bayern brächte Thomas Tuchels Dortmunder bis auf zwei Punkte an den Tabellenführer heran (das Duell endet letztlich 0:0 und es bleibt beim Fünf-Punkte-Abstand).

HÄRRINGERS SPOTTSCHAU
UNSPORTLICH: ZEIT ZU SCHINDEN
NOCH UNSPORTLICHER: ZEIT ZU SCHINDEN, UM EINE GELBSPERRE FÜR DAS BAYERN-SPIEL ZU PROVOZIEREN
MEGA-UNSPORTLICH: DAS GANZE ZU LEUGNEN, BZW. ES ERST ZUZUGEBEN UND DANN WIEDER ZU LEUGNEN
DUMM: DAFÜR MIT 20.000 € BESTRAFT ZU WERDEN
DFB SPORTGERICHT
UND WAS LERNT EIN PROFI DARAUS?
DASS ER SICH DIE NÄCHSTE GELBSPERRE AUF SPORTLICHEM WEG ABHOLT!

Das Darmstädter Modell macht Schule: Auch die Bremer tun im Vorfeld ihres Bayern-Spiels alles, um sich Gelbsperren abzuholen – im Gegensatz zu den Darmstädtern geben sie es aber zu und werden prompt bestraft.

HÄRRINGERS SPOTTSCHAU

CHAMPIONS LEAGUE AUSLOSUNG
BAYERN - BENFICA
WOLFSBURG
REAL
MADRID! FREU DICH DOCH, KLAUS!
NATÜRLICH SCHEIDET IHR AUS, ABER WENIGSTENS KOMMEN MAL EIN PAAR EXZENTRISCHE STARS ZU EUCH IN DIE PROVINZ!
DIE KOMMEN JEDEN TAG.
VOR ALLEM JEDEN TAG ZU SPÄT!
HOPP, BENDTNER, EINZELTRAINING, SONST SETZT'S EINE GELDSTRAFE!
GÄÄÄHN!
A PROPOS: MAX, DU SCHULDEST UNS NOCH 25.000 EURO!
OOPS, HAB' ICH GERADE IM TAXI LIEGEN LASSEN...

Wolfsburg zieht ins Champions-League-Viertelfinale ein und scheitert dort unglücklich am späteren Sieger Real Madrid; die Profis Nicklas Bendtner und Max Kruse fallen wiederholt durch private Eskapaden auf.

HÄRRINGERS SPOTTSCHAU
JOGI GREIFT DURCH:
DER KRUSE KANN SICH DIE NÄCHSTEN BEIDEN LÄNDERSPIELE IM FERNSEHEN ANSCHAUEN, UND WAHRSCHEINLICH FÄHRT ER AUCH NICHT ZUR EM NACH FRANKREICH.
TERROR IN BRÜSSEL
SIND WIR NOCH SICHER?
AUCH DEUTSCHLAND IM VISIER
BERLIN: NATIONALMANNSCHAFT TRAINIERT UNTER POLIZEISCHUTZ
IST DAS JETZT EINE STRAFE ODER EINE BELOHNUNG?

Der Terror ist zurück: Nach den IS-Attentaten in Brüssel mit Dutzenden Toten finden die Liga- und anschließenden Länderspiele unter verschärften Sicherheitsvorkehrungen statt.

HÄRRINGERS SPOTTSCHAU

Bayern-Bankdrücker Mario Götze brilliert vor den Augen seines Trainers Pep Guardiola beim 4:1-Testspielsieg der Nationalmannschaft in München gegen Italien.

HÄRRINGERS SPOTTSCHAU
EMOTIONALER SAISONHÖHEPUNKT
...AUF SCHALKE
DAS SPIEL DES JAHRES!
ENDLICH KÖNNEN WIR DEN ARROGANTEN LÜDENSCHEIDERN WIEDER ZEIGEN, WER IM POTT REGIERT!
WO SIND SIE ÜBERHAUPT?
10.4.
DERBY
...IN DORTMUND
MÜSSEN WIR DA WIRKLICH RUNTER?
DIESE GEWÖHNLICHEN LIGA-PFLICHT-SPIELE SIND JA SOWAS VON ÖDE.
7.4.
ZU HAUSE GEGEN KLOPPO
ACH, VIELLEICHT TUN UNS EIN PAAR TAGE OHNE EMOTIONEN JA MAL GANZ GUT.
DAS KRIBBELN!
SPÜRST DU ES, DAS KRIBBELN?!
JAA, JAA.
DERBY
14.4.
IN ANFIELD GEGEN KLOPPO

Fanliebling Jürgen Klopp kehrt mit Liverpool in der Europa League nach Dortmund zurück; zwischen beiden Spielen liegt auch noch das Ruhrderby gegen den Erzrivalen Schalke.

HÄRRINGERS SPOTTSCHAU
FLÜCHE DER WOCHE:
DER BENFICA-FLUCH
(KEIN BENFICA-TEAM KANN SEIT 1962 EINEN EUROPAPOKAL GEWINNEN)
DER TITELVERTEIDIGER-FLUCH
(KEIN CHAMPIONS LEAGUE-SIEGER KANN SEINEN TITEL VERTEIDIGEN)
DER ANFIELD-FLUCH
(KEINE DEUTSCHE MANNSCHAFT KANN IN LIVERPOOL GEWINNEN)
DER ERDOGAN-FLUCH
(KEIN SATIRIKER KANN SICH ÜBER DEN GROSSEN PRÄSIDENTEN LUSTIG MACHEN)
MERKEL

Während die Bayern, Atletico Madrid und Liverpool in die Europapokal-Halbfinals einziehen, erregt ein Schmähgedicht des Satirikers Jan Böhmermann den Unmut des türkischen Präsidenten Erdogan.

HÄRRINGERS SPOTTSCHAU
TIERISCHE FRÜHLINGSBOTEN
DIE SCHWALBE, DIE ZIEHT IHRE KREISE
UMS HASENHÜTTL BALZT DER BULL
DIE HUMMEL MACHT SICH AUF DIE REISE
BVB
DIE LAHME ENTE BOCKT DAS NULL.
NOCH 69 TAGE

Bayerns Arturo Vidal entscheidet das Pokalhalbfinale gegen Bremen mit einer Schwalbe; Bundesliga-Aufsteiger Leipzig wirbt Ingolstadts Trainer Ralph Hasenhüttl ab; BVB-Kapitän Mats Hummels liebäugelt mit einem Bayern-Wechsel; der Vertrag von Schalke-Manager Horst Heldt wird nicht verlängert.

HÄRRINGERS SPOTTSCHAU
HEUTE HOLEN WIR DIE VIERTE MEISTERSCHAFT IN SERIE! UNSERE 26. INSGESAMT!
DIE 13. ALLEINE IN DEN LETZTEN 20 JAHREN!
UND DANN WERDEN WIR ZUM 18. MAL POKALSIEGER!
UND HABEN 7 DER LETZTEN 12 ENDSPIELE GEWONNEN!
WIR SIND DIE BESTEN, TOLLSTEN UND REICHSTEN!
WENN EINER UNS NUR HALBWEGS NAHE KOMMT, KAUFEN WIR IHM SEINE BESTEN SPIELER WEG!
DAS HAT NOCH JEDEM DAS GENICK GEBROCHEN, SELBST WENN SIE BEI UNS NUR AUF DER BANK VERSAUERN.
ALLES GEKLÄRT? GUT, DANN KÖNNEN WIR...
HEEE!
WÄÄÄH! DIE FIESEN KINDER WOLLEN NICHT MIT MIR SPIELEN!
FC BAYERN
ACH, DU BIST DOCH VIEL ZU GUT FÜR DIESE PROVINZ-PROLETEN!
AM DIENSTAG KOMMEN WIEDER DIE BUBEN AUS MADRID!
NA JA, DAS SIND AUCH NICHT GERADE DIE KÖNIGLICHEN.
DIE TRIFFT ER IM FINALE.
UND IN DER NEUEN SUPERLIGA. DA IST DIE CRÈME DANN ENDLICH UNTER SICH!
DER RICHTIGE UMGANG IST JA SOOO WICHTIG FÜR DIE CHARAKTER-BILDUNG.

Die »Super-Super-Bayern« sichern sich erneut vorzeitig die Meisterschaft, wenn auch erst am vorletzten Spieltag.

HÄRRINGERS SPOTTSCHAU

Die Ära Guardiola bleibt unvollendet: Pep scheitert mit den Bayern zum dritten Mal in Folge im Champions-League-Halbfinale.

HÄRRINGERS SPOTTSCHAU
LIVERPOOL-SEVILLA
1:3
ES IST SICHER NICHT GOTTES PLAN, MIR JEDES MAL EINEN SCHLAG ZU GEBEN.
LFC
ENGLISCHER MEISTER
WOLFSBURG
VFB
KLOPP
DFB
KRUSE
SCHAAF
GÖTZE
PLATINI
EFFE
BLATTER
WHAC-A-FOOTBALLER
NA JA, PLAN IST VIELLEICHT ZU VIEL GESAGT.
MAN AMÜSIERT SICH HALT EIN BISSCHEN.
NICHT, JUDAS?
ICH HÄTTE DA NOCH EINE IDEE FÜRS POKALFINALE...
STICHWORT "ELFMETER-SCHIESSEN"!

Das 1:3 mit Liverpool gegen Sevilla ist Jürgen Klopps fünfte Finalniederlage in Folge; vor Mats Hummels' letztem BVB-Spiel im Pokalfinale gegen Bayern kommen Erinnerungen an Lothar Matthäus' legendären Bökelberg-Fehlschuss auf.

HÄRRINGERS SPOTTSCHAU
IM HAUSE GUARDIOLA
PAPA WEINT SCHON WIEDER.
WEGEN DES POKALS.
NA SOWAS. DA IST MAN JAHRELANG MIT EINEM ROBOTER ZUSAMMEN, DER KEINERLEI GEFÜHLE ZULÄSST.
UND NEUERDINGS HEULT ER JEDES MAL LOS, WENN ER SO EINEN BLÖDEN POKAL ANFASSEN DARF.
ODER AUCH NICHT ANFASSEN DARF.
BUHUHUU!
FINALE

Nach seinem allerletzten Bayern-Spiel, dem Pokalsieg gegen Dortmund zeigt Pep Guardiola erstmals echte Gefühle; im Champions-League-Finale treffen sich mal wieder die Madrider Klubs.

HÄRRINGERS SPOTTSCHAU

En route! Europas Superstars um Portugals Cristiano Ronaldo und Schwedens Zlatan Ibrahimovic wetteifern in Frankreich um Europas Krone.

HÄRRINGERS SPOTTSCHAU
UNSERE BUBEN.
DIE ALLERBESTEN CHARAKTERE, PFLEGELEICHT UND VOLL UND GANZ AUF DEN FUSSBALL FOKUSSIERT.
DEN KRUSE HAST DU JA AUSSORTIERT.
WAS SOLLTE ICH TUN?
UNSER PSYCHOLOGE SAGT, DASS REBELLEN IMMER EINEN SCHLECHTEN EINFLUSS AUF DIE KAMERADEN AUSÜBEN.
A PROPOS, WO SIND EIGENTLICH DIE WOLFSBURGER?
KEINE AHNUNG.
ABER KEINE SORGE: DRUM HAB ICH JA DIESES KAFF ÉVIAN ALS QUARTIER AUSGESUCHT, WEIL ES HIER WEIT UND BREIT NICHTS GIBT.
AUSSER DEM CASINO!
SUPER TIPP VOM MAX!
DIE BESTEN HASEN! UND PROVINZ-CROUPIERS, DIE SEIN TODSICHERES SYSTEM NICHT BLICKEN!
ÄH, WO IST EIGENTLICH DIE PLASTIK-TÜTE?
WELCHE PLASTIKT...
AAAAAH!
TAXI

Das deutsche Team bezieht sein EM-Quartier im verschlafenen Évian-les-Bains am Genfer See
ohne den Wolfsburger Lebemann Max Kruse.

HÄRRINGERS SPOTTSCHAU

HERR GAULAND, WAS SAGEN SIE ZUR SCHWEREN VERLETZUNG VON RÜDIGER?
RÜDIGER?! KENN ICH NICHT.
KLINGT ABER EDEL UND GERMANISCH.
ÄHEM... FÜRWAHR, ES GLEICHT EINER TRAGÖDIE, DASS SO EIN NOBLER KÄMPFER DEM DEUTSCHEN VOLKS... ÄH, NATIONALMANNSCHAFTS-KÖRPER SO BRÜSK ENTRISSEN WIRD!
WIR VON DER AFD WÜNSCHEN IHM WILLENSKRAFT UND ALSBALDIGE GENESUNG!
AM NÄCHSTEN MORGEN
SIE WISSEN JA, DASS DIESER RÜDIGER EIN FARBIGER IST?!
GAULAND: "RÜDIGERS AUSFALL EINE TRAGÖDIE"
?!
DIE HABEN MICH REINGELEGT!!!
STROLCHE!
LUMPEN-PACK!
LÜGEN-PRESSE!!!
GEHT DAS SCHON WIEDER LOS.
MAN KANN SICH HEUTZUTAGE SEINE NACHBARN NICHT AUS-SUCHEN...
Alles Gute, Antonio!!!

Nach seinem Zitat, man wolle »einen Boateng nicht als Nachbarn haben« erklärt AfD-Politiker Alexander Gauland, er kenne Jerôme Boateng gar nicht; Antonio Rüdiger verletzt sich schwer und fällt für das EM-Turnier aus.

HÄRRINGERS SPOTTSCHAU
ES IST SO WEIT: NACH ALL DEN VERBANDSQUERELEN...
DFB
UEFA
FIFA
...DEM WERBERUMMEL...
NIVEA
...UND SONSTIGEN VORGEPLÄNKEL...
...STEHT JETZT VIER WOCHEN LANG...
JULI 10 FINALE
JULI 3
JUNI 26
JUNI 19
JUNI 12
...DER FUSSBALL IM MITTELPUNKT!
HAB ICH MIR IRGENDWIE ANDERS VORGESTELLT.

Die Vorfreude auf die Europameisterschaft wird von der Angst vor neuen Terroranschlägen getrübt.

HÄRRINGERS SPOTTSCHAU

Die Gewalt kommt zunächst von anderer Seite: Vor und nach dem Spiel zwischen England und Russland wüten Hooligans aus beiden Ländern und einheimische Jugendliche in der Altstadt von Marseille.

HÄRRINGERS SPOTTSCHAU
IM LAUFE EINES LANGEN TURNIERS SIND ALLE SPIELER WICHTIG.
JEDER IM TEAM HAT SEINE GENAU DEFINIERTE ROLLE, UND WENN ER SIE GEWISSENHAFT AUSFÜLLT, HABEN AM ENDE ALLE GEMEINSAM GEWONNEN.
KLINGT JA SCHON IRGENDWIE VERNÜNFTIG.
WAS DENKST DU, POLDI?

Joker Bastian Schweinsteiger erzielt direkt nach seiner Einwechslung das 2:0 gegen die Ukraine; Reservist Lukas Podolski verwahrt sich dagegen, nur das Team-Maskottchen zu sein.

HÄRRiNGERs SPOTTSCHAU

UNSER LUSTIGES KLEBESPIEL: WO SIND DIE 20 PROZENT?

Prompt haut »Poldi« den Spruch des Turniers raus: Nach den von Kameras festgehaltenen Fehlgriffen des Bundestrainers stellt er fest, dass 80 Prozent der Männer sowie er selbst »sich auch mal an den Eiern kraulen«.

HÄRRINGERS SPOTTSCHAU

Das Turnier kommt nur schwerfällig in Gang; neben der Ermordung eines Polizisten beherrschen Bilder von Streiks, Hooligan-Ausschreitungen und die Sorge vor dem EU-Austritt Großbritanniens die Nachrichten.

HÄRRINGERS SPOTTSCHAU
BAHNBRECHENDE EM-ERFINDUNGEN
1996: DAS NASENPFLASTER!
ICH WEISS GAR NICHT, WIE MAN FRÜHER GEATMET HAT.
2012: DAS KINESIO-TAPE!
ICH WEISS GAR NICHT, WIE MAN FRÜHER SEINEN MUSKELTONUS REGULIERT HAT.
2016: DAS PACKING!
WAHNSINN!!! DER KROOS PACKT MIT EINEM PASS MEHR GEGNER ALS DIE ISLÄNDER UND DIE ALBANER IN DER GANZEN VORRUNDE!
ICH WEISS GAR NICHT, WIE MAN FRÜHER ÜBER FUSSBALL GEREDET HAT!

ARD-Experte Mehmet Scholl begeistert sich über die Maßen für ein neuartiges Analyse-Tool namens »Packing«.

HÄRRINGERS SPOTTSCHAU

SAINT-DENIS, NOVEMBER 2015
FURCHTBAR, DIESER TERROR!
SCHAU MAL, OB DU IM INTERNET MEHR ERFÄHRST!
SAINT-DENIS, JUNI 2016
FURCHTBAR, DIESER GURKENKICK.
UND TOTE HOSE IN DER JOGI-CAM.

Bei der ersten Rückkehr des deutschen Teams ins Stadion des November-Terrors bietet das ZDF im Internet eine Kamera an, die während des gesamten Spiels nur auf Joachim Löw gerichtet ist.

HÄRRINGERS SPOTTSCHAU

HERR LÖW, WAS SAGEN SIE ZU DEM VORWURF, SIE HÄTTEN ZU VIELE GLATTGEBÜGELTE CHARAKTERE IM TEAM?
DAS ZAUBERT MIR EIN LÄCHELN INS GESICHT.
MIR AUCH.
MIR AUCH.
MIR AUCH.

Nach der Nullnummer gegen Polen lächelt der Bundestrainer die aufkeimende Kritik an seinem Führungspersonal weg.

HÄRRINGERS SPOTTSCHAU
IRGENDWIE HAB ICH DAS GEFÜHL...
...DAS TURNIER LÄUFT WIEDER MAL AN MIR VORBEI.

Das Genie von Mesut Özil erschließt sich nach den ersten Spielen noch nicht jedem.

HÄRRINGERS SPOTTSCHAU

WENN WIR GRUPPENSIEGER WERDEN, TREFFEN WIR AUF DEN GRUPPENDRITTEN DER GRUPPE A, WENN SICH DER DRITTE AUS GRUPPE ABCD, ACDE ODER ACDF DURCHSETZT. WIR TREFFEN AUF DEN GRUPPENDRITTEN DER GRUPPE F, WENN DIE BESTEN GRUPPENDRITTEN AUS DEN GRUPPEN ACEF, ADEF ODER CDEF KOMMEN. IN ALLEN ANDEREN FÄLLEN TREFFEN WIR AUF DEN GRUPPENDRITTEN DER GRUPPE B.
ALLES KLAR?
?!
?!
?!
GEGEN WEN SPIELEN WIR JETZT?
HAT JEMAND IRGENDWAS KAPIERT?
NÖ.
DAS IST HÖHERE ARITHMETIK, DAS IST NICHTS FÜR UNS KICKER.
DIE FRAU VOM MATS HAT DOCH BWL STUDIERT, VIELLEICHT KÖNNEN WIR DIE MAL FRAGEN.
WOAHAHAHAHAHA
DER WAR GUT, POLDI, DER WAR VERDAMMT GUT!
JA, EINE HUNDERTSTELSEKUNDE LANG HAB ICH AUCH GEGLAUBT, DU MEINST ES ERNST!
?
DAS KENN ICH, DIESES LACHEN!
WAS DENN? ICH MEIN'S DOCH ERNST.

Das aufgeblähte Teilnehmerfeld führt zu einer komplizierten Ermittlung der besten Drittplatzierten; das Netz lacht über das seichte Geblogge einer deutschen Spielerfrau.

HÄRRINGERS SPOTTSCHAU

Zwei Jahre vor der Heim-WM blamiert sich Russland mit einer hilflosen Nationalmannschaft, Hooligan-Ausschreitungen, Dopingskandalen und den Politiker-Reaktionen darauf.

HÄRRINGERs SPOTTSCHAU

WENN DIE DEUTSCHEN BAUERN WÄREN
TA-TAAA!

Beim Sieg der Deutschen gegen Nordirland steht der Ertrag (ein Tor) in krassem Gegensatz zum Aufwand (26 Torschüsse).

HÄRRINGERS SPOTTSCHAU

Nach der Vorrunde treffen in der einen Hälfte des Turnierbaums insgesamt 20 WM- und EM-Titel aufeinander, in der anderen Hälfte null.

HÄRRINGERS SPOTTSCHAU

GUTE REISE!
WAS MACHT DICH EIGENTLICH SO SICHER, DASS IHR DIE ENGLÄNDER BESIEGT?
SEID IHR STÄRKER?
NEIN.
SCHNELLER?
NEIN.
SCHLAUER?
NEIN.
KAMPF-ERPROBTER?
NEIN.
K.O-RUNDEN-SPIELE HABEN AM ENDE EIN ELFMETER-SCHIESSEN!
ISLAND
(NACH DIK BROWNE)
(England schied bei großen Turnieren nach 6 von 7 Elfmeterschießen aus)

Island besiegt die Engländer sogar in der regulären Spielzeit und zieht sensationell ins Viertelfinale ein.

HÄRRINGERS SPOTTSCHAU
SCHLAGZEILEN VON GESTERN...
10 GEGENTORE IN 5 SPIELEN
ACHILLESFERSE ABWEHR!
GAULAND: "MAN WILL BOATENG NICHT ALS NACHBARN"
...UND VON HEUTE
5 SPIELE ZU NULL!
BESTE DFB-ABWEHR SEIT 50 JAHREN!
BOATENG ERZIELT 1:0
GAULAND: "ER IST EIN WUNDERBARER NEGER!"
NACH 0:0 GEGEN POLEN:
DRAXLER DRAUSSEN!
NOTE 5
WOLFSBURGER VERPATZT EM-CHANCE!
3:0 GEGEN SLOWA
ZAUBERFUSS DRAXLER!
WOLFSBURGER MAN OF THE MATCH!
JOGI: WO HAT ER NUR DIE HÄNDE?
GRIFF AN DIE
igitt!
LÖW: GLÜCKSGRIFF DRAXLER!
BUNDESTRAINER BEWEIST GOLDENES HÄNDCHEN!
JOGI HATTE RICHTIGEN RIECHER!

Endlich wieder sportliche Schlagzeilen: Nach dem überzeugenden 3:0 gegen die Slowakei wird die Taktik des Bundestrainers gelobt.

HÄRRINGERS SPOTTSCHAU

TYPISCH DEUTSCH, DIESE KLEINGEISTIGE NEIDKAMPAGNE, WAS, OLI?
SO SIND SIE HALT.
MOOOMENT... WIESO KRIEGST DU EIGENTLICH EINE VIERTELMILLION MEHR ALS ICH?!!
"EXPERTE" SCHOLL: 1,6 MIO PRO JAHR!
ARD
ZDF

Laut einem Branchen-Informationsdienst soll das öffentlich-rechtliche Fernsehen den Experten Mehmet Scholl und Oliver Kahn exorbitante Gehälter zahlen.

HÄRRINGERs SPOTTSCHAU

DEUTSCHLAND - ITALIEN (VORKAMPF) 1:1
ICH KLAPP DIR DIE FINGERNÄGEL NACH LINKS!
GANZ RUHIG, SONST DRÜCK ICH DIR DAS KÖPFCHEN IN DEN HALS!
VIER FÄUSTE FÜR EIN HALLELUJA
R.I.P. GÖTZ + BUD

Innerhalb weniger Tage fällt der letzte Vorhang für die Leinwand-Haudegen Götz George und Carlo Pedersoli (alias Bud Spencer).

HÄRRINGERS SPOTTSCHAU

UND WIEDER EIN ITALO-WESTERN: ES WIRD HART! ES WIRD ENG! ES WIRD DRECKIG!
DOCH EINMAL - DIESES EINE MAL - SIEGT DAS GUTE:
DJANGO
LEICHEN PFLASTERN SEINEN WEG
GEGEN
JOGI BÄR™
DER NETTE KUMPEL AUS DEM SCHWARZWALD ™
+ DAS MANNSCHÄFTLE™
YO BRO!

Im Viertelfinale trifft der »völlig tiefenentspannte« Bundestrainer auf Angstgegner Italien, der gerade Angstgegner Spanien aus dem Turnier geworfen hat.

HÄRRINGERS SPOTTSCHAU

TRAUMA BESIEGT!
LICHT! D... DA VORN IST LICHT!
WIR SIND FREI!
NACH GEFÜHLTEN 100 JAHREN!
JA, IS' DENN HEUT' SCHO' WEIHNACHTEN?
KEINE AHNUNG, MIR SAGT JA NIE EINER WAS.
CONGRATS OLD BOY! JETZT BIST DU AUCH TAKTISCH MEIN WÜRDIGER NACHFOLGER!

Nach einem hochdramatischen Elfmeterschießen ist Joachim Löw der erste von sieben Bundestrainern, der die Italiener in einem Pflichtspiel besiegen konnte.

HÄRRINGERS SPOTTSCHAU
DIE ARMEN RESERVISTEN.
DAS MUSS FURCHTBAR DEPRIMIEREND SEIN, WENN MAN KEINE CHANCE AUF EINEN EINSATZ HAT.
KEINE SORGE, DAS SIND JA HEUTZUTAGE SOLCHE PROFIS...
ZU-ALLERERST SIND ES MENSCHEN!
ICH WERDE IHNEN TROST ZUKOMMEN LASSEN.
NULL EINSÄTZE? SO WHAT?
SOLANGE DIE PERFORMANCE PER MATCH MINUTE/ NET RETURN RATIO IN DER EXTENDED PROFITABILITY ZONE IST.
ER MEINT, DAFÜR, DASS WIR KEINE SEKUNDE GESPIELT HABEN, IST DIE BISHERIGE SIEGPRÄMIE VON 100.000 EURO AKZEPTABEL.
UND?
MEINE YOUNG PROFESSIONAL BENCHWARMER/ COMPASSION RATIO IST IN DER NEGATIVEN ZONE.

Vor dem Turnier hatten die Spieler mit DFB-Präsident Reinhard Grindel 100.000 Euro pro Mann für den Einzug ins Halbfinale ausgehandelt.

HÄRRINGERs SPOTTSCHAU

LOOOOOW LIIIIIE THE FIELDS OF ATHENRY
WILL GRIGG'S ON FIRE NA NA NA NA NA NAAA NA NA NA NAA NA
HU! HU!
EURO SONG CONTEST 2016
ICH SAGTE: DIE VORGRUPPEN SIND ABGEREIST, PLEASE WELCOME THE MAIN ACT!
Sieg! Sieg!
Die Nummer Eins der Welt sind Wir!

Gegen die Fans aus Irland, Nordirland und Island, die sich in die Herzen von Millionen Zuschauern sangen und klatschten wirkt das deutsche Liedgut eher schlicht.

HÄRRINGERS SPOTTSCHAU

DER WEG INS HALBFINALE: TORRAUSCH VS. ABNUTZUNGSKAMPF
Didierix und die Goten
ÄH... SAMIK, GOMIK UND SCHWEINIK, SEID IHR BEREIT?
WIR RASTEN NOCH EIN MOMENTCHEN, O JOGIK, UNSER CHEF.
HU.
ROM

Nach einem 5:2-Sieg gegen Außenseiter Island treffen Didier Deschamps' Gallier im Halbfinale auf arg dezimierte Goten (zudem fehlt Mats Hummels gelbgesperrt).

HÄRRINGERS SPOTTSCHAU

Zwei Treffer des EM-Torschützenkönigs Antoine Griezmann bedeuten den K. o. für den Weltmeister.

HÄRRINGERs SPOTTSCHAU

DAS GROSSE FINALE:
PORTUGIESISCHE MANN FT GEGEN FRANZÖSISCHE NSCHAFT!
ONE MAN SHOW
ONE
MAN
SHOW

Antoine Griezmanns Franzosen gehen als hoher Favorit ins Heim-Finale gegen Portugal, das trotz des frühen Ausscheidens von Superstar Cristiano Ronaldo am Ende den Titel holt.

HÄRRINGERS SPOTTSCHAU
DAS WAR SIE ALSO, UNSERE VIERTE UND LETZTE EM.
UND WIEDER KEIN TITEL.
DU HAST WENIGSTENS GESPIELT.
DU AUCH.
JA, 18 MINUTEN.
WIR SIND IM SPÄTHERBST UNSERER KARRIERE ANGELANGT.
WAS MACHST DU JETZT?
ICH FREU MICH EINFACH NUR AUF MEIN MÄDEL. WIR HEIRATEN JA BALD.
UND DU?
ICH NEHM' MEINE KLEINE TOCHTER IN DEN ARM!
SIE KENNT MICH JA KAUM.
ZUM GLÜCK GIBT'S WICHTIGERES IM LEBEN ALS FUSSBALL!
ES IST EINE MAGISCHE WELT, ALTER FREUND...
...LASS SIE UNS ENTDECKEN!

Die EM war wohl auch das letzte Turnier für die verdienten DFB-Senioren Lukas Podolski und Bastian Schweinsteiger.

RED BULL
DREYFUS MILLIONEN
DFB
UEFA
FIFA
1974
75
76
UDO
DETTMAR
MAN UTD.
DUBAI
ABU DHABI
EUROPA